—

GUINNESS WORLD RECORDS®

OFFICIALLY AMAZING

ジュニア版

おもしろびっくり！

ギネス世界記録®

① 世界一はやい

汐文社
ちょうぶんしゃ

あなたも世界一にチャレンジしよう！

小学生のみなさんにも、だれでも、せかいで一番になるチャンスがあります！ この本に出てくる「2人でサッカーボールを何びょうで50回パスしあえるか!?」や「M&M's30こをはしでせいれつさせてみよう！」といったせかい記ろくは、がんばってれんしゅうすれば、みなさんだってせかいで一番になれるかもしれません。ぜひためしてみてください！

そんな、せかい中の一番をあつめた『ギネス世界記録』という本があります。毎年、新しいせかい記ろくがたくさん出てくるので、この『ギネス世界記録』も毎年毎年、新しく作っています。いちばん新しいのは『ギネス世界記録2020』ですね（2020年2月現在）。

けれども、この『ギネス世界記録』はかん字がいっぱいあったり、ちょっとせつ明がむずかしかったりして、小学生のみなさんには読むのが大へんかもしれません。

そこで、小学生のみなさんでも楽しめる本として、この本『ジュニア版 おもしろびっくり！ ギネス世界記録』を作りました。ぜひ、楽しんで読んでください。そしてチャレンジしてみてください。

ギネス世界記録2020
定価：本体3,300円（税別）
発行：角川アスキー総合研究所
発売：KADOKAWA

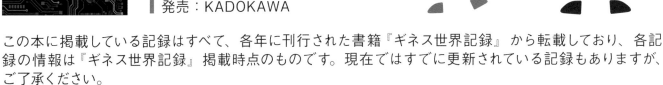

この本に掲載している記録はすべて、各年に刊行された書籍『ギネス世界記録』から転載しており、各記録の情報は『ギネス世界記録』掲載時点のものです。現在ではすでに更新されている記録もありますが、ご了承ください。

ジュニア版
おもしろびっくり！
ギネス世界記録®
① 世界一はやい

せかい一はやい男
ウサイン・ボルト

PRESS SPORTS/アフロ

ウサイン・ボルト（ジャマイカ）は、2016年のリオ
デジャネイロオリンピックで、りく上きょうぎ100mを
1いでかけぬけて3れんぱした。これにより、オリ
ンピック100m走でいちばん多い記ろくをもっている。

『ギネス世界記録2020』より

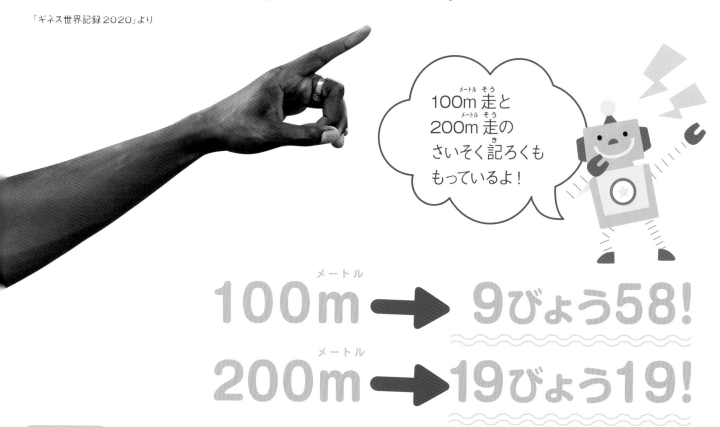

100m走と
200m走の
さいそく記ろくも
もっているよ！

100m ➡ 9びょう58！

200m ➡ 19びょう19！

Q ウサイン・ボルトとネコでは
どちらがはやいか!?

A ネコのかち!!

ボルトの100m走せかい記ろくは時そく
44.71km。いっぽう、ネコは時そく
47.9kmで走ることができるのだ！

スポーツ②

せかいーはやい
100m個人メドレー（男子）

50びょう26！

ウラジミール・モロゾフ（ロシア）が、
2018FINA水泳ワールドカップ
100m個人メドレーで50びょう
26の記ろくでゆうしょうした。

『ギネス世界記録2020』より

Insidefoto / アフロ

Q 「個人メドレー」ってどんなきょうぎ？

A 一人で「バタフライ」→「背泳ぎ」→「平泳ぎ」→「自由形」のじゅんで同じきょりずつおよぐきょうぎのこと。たとえば、「200m個人メドレー」なら、それぞれのおよぎを50mずつ、合計200mおよぐのにかかるタイムをきそうしゅ目だ。

せかいーはやい50m背泳ぎ（男子）

24びょう00！

18才のクリメント・コレスニコフ（ロシア）が、欧州水泳選手権の50m背泳ぎで、24びょう00でゆうしょうした。

『ギネス世界記録2020』より

せかいーはやいパラ水泳200m個人メドレー（女子）

2分57びょう99！

低身長症のメイジー・サマーズ・ニュートン（イギリス）は、パラ水泳国際大会の200m個人メドレーを2分57びょう99でおよぎ、前の年の自分の記ろくをこう新した。

『ギネス世界記録2020』より

「パラ水泳」はしょうがい者スポーツの水えいきょうぎのことだよ！

スポーツ③

せかいーはやい フルマラソン記ろく（男子）

エリウド・キプチョゲ（ケニア）は、ベルリン・マラソンで2時間1分39びょうの記ろくでかん走した。

『ギネス世界記録2020』より

2時間 1分39びょう！

フルマラソンは 42.195km！ 50m走の やく844回分だよ！

ロイター/アフロ

8

せかいーはやい
ロードレース
10km 競争（女子）

CTK Photobank／アフロ

ジョイシリン・ジャプコスゲイ（ケニア）
は、プラハGP10kmレースを29分
43びょうでゆうしょう。このきょりのレ
ースで女子アスリートが30分を切っ
たのは、これがはじめてのことだった。

『ギネス世界記録2019』より

29分43びょう！

せかいーはやい
車いすマラソンT54※1（女子）

USA TODAY Sports／ロイター／アフロ

1時間
36分53びょう！

男子の車いすマラソンT54
さいそく記ろくは
ハインツ・フライ（スイス）の
1時間20分14びょうだよ！

マニュエラ・シャー（スイス）は、車
いすマラソンで1時間36分53びょ
うで走った。

『ギネス世界記録2020』より

※1　車椅子マラソンには、障害程度に応じて「T51」「T52」「T53」「T54」などのクラスがある。「T54」は障害程度の軽いクラスとなる。

スポーツ④

ル・マン24時間レースでの ラップさい高へいきんそくど

へいきん時そく 251.882km！

LAT/アフロ

小林可夢偉（日本）はトヨタTS050ハイブリッドにのり、ル・マン24時間レースのよせんでラップへいきん時そく251.882kmを出した。ラップタイムは3分14びょう791。

『ギネス世界記録2019』より

せかい一はやい舵手なしペア

男子では、エリック・マレーとハミッシュボンド（ニュージーランド）がせかい記ろくを数十年ぶりにこうしんする6分8びょう50でゆうしょう。女子では、ケリー・ゴーラーとグレース・ブレンダ（ニュージーランド）が6分49びょう08を記ろくした。

『ギネス世界記録2019』より

AP/アフロ

男子
6分8びょう50！

Newspix.pl/アフロ

女子
6分49びょう08！

せかい一はやいスピードクライミング15m（女子）

ユリア・カプリナ（ロシア）は、ヴロツワフでかいさいされたワールドゲームズの女子スピードクライミング15mを7びょう32の記ろくでゆうしょうした。

『ギネス世界記録2019』より

7びょう32！

©GUINNESS WORLD RECORDS

もっともはやい○○は?
～時そくでくらべてみました～

『ギネス世界記録2018』より

生きもの

りく生どうぶつ(長きょり) → りく生どうぶつ(たんきょり)

プロングホーン

チーター

時そく 56km^{キロメートル}

時そく 104.4km^{キロメートル}

のりもの

せん車 → ジェットコースター

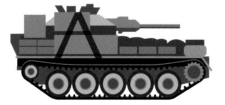

時そく 82.23km^{キロメートル}

時そく 240km^{キロメートル}

うちゅうでさい高のそくどは「光そく」!!

光のはやさをいみする「光そく」がうちゅうさいそくだ。びょうそく2おく9979万2458m。1びょう間に2おくmい上!? そうぞうもつかないほどのはやさだ。

時そく **10おく2458万2848km**

鳥（水へいひ行）	鳥（すい直ひ行）
ハイガシラ アホウドリ	ハヤブサ
時そく 127km	時そく 389.46km

 ボート

 **リニアモーターカー**

時そく **511.09km**

時そく **603km**

しん体のう力①

せかいーはやいサッカーボールを足にはさみさか立ちで50m歩く記ろく

ツァン・シュー（中国）は、さか立ちをしてひざの間にボールをはさみ、26びょう09で50mを歩いた。

『ギネス世界記録2018』より

さか立ち50m走の
さいそく記ろくは
マーク・ケニー（アメリカ）の
16びょう93なんだって！

26びょう09！

©GUINNESS WORLD RECORDS

せかいーはやいバックてん50m

テレビ番組で、芳賀友也（日本）がバックてんで50mを11びょう06のはやさでかけぬけた。

『ギネス世界記録2015』より

11びょう06!

せかいーはやいスペースホッパーのり100m（女子）

コメディアンでもあるアリ・スパニョーラ（アメリカ）が、スペースホッパー※1にのって100mのコースを38びょう22で走った。

『ギネス世界記録2020』より

38びょう22!

※1　空気を入れて膨らませ、上に乗ってぴょんぴょん飛び跳ねながら進むことができるボール。バランスボール（エクササイズボール、ジムボール）に似ているが、持ち手がついていることが特長。

しん体のう力②

よい子のみんなは
マネしないでね

せかいーはやい ケチャップを1びん のみほす時間

©GUINNESS WORLD RECORDS

ドイツのテレビ番組にて、レポーターのベネディクト・ウェバー（ドイツ）が直けい0.60㎝のストローをつかって32びょう37でケチャップ1びんをのみほした。

『ギネス世界記録2018』より

32びょう37!

せかいーはやい 200mℓのマスタードを のみほす時間

©GUINNESS WORLD RECORDS

アシュリタ・ファーマン（アメリカ）は、200mℓのマスタードを13びょう85でのみほした。

『ギネス世界記録2020』より

13びょう85!

せかいーはやく
パスタを食べた時間

©GUINNESS WORLD RECORDS

数学の先生でもあり、フードファイター（大食い・早食いせん手）でもあるミシェル・レスコ（アメリカ）は、さらにもられたパスタを26びょう69で食べた。

『ギネス世界記録2020』より

26びょう69！

せかいーはやく
３つのピクルドエッグを
食べた時間

ケヴィン "LAビースト" ストラール（アメリカ）は、ピクルドエッグ（すにつけたゆでたまご）3こをたった21びょう09で食べた。

『ギネス世界記録2019』より

21びょう09！

©GUINNESS WORLD RECORDS

17

やってみよう！ ①
〜さいそく記ろくにちょうせん！〜

TRY!!

後ろむきで100mを何びょうで走れるか!?

「後ろむき走り」にちょうせんしてみよう！
後ろを見ることができないので、校てい
のような広い場しょで、ころばないように
気をつけて走ろう！

『ギネス世界記録2019』より

ギネス世界記録は
13びょう6

TRY!!

2人でサッカーボールを何びょうで50回パスしあえるか!?

2mはなれて2人むかい合ってサッカーボールを50回パスしてみよう。ミスなくれんぞく50回パスするだけでもむずかしそうだね!

『ギネス世界記録2017』より

ギネス世界記録は

29びょう7

TRY!!

5mのロープを何びょうでのぼれるか!?

ぜん長5mのロープをのぼったさいそく記ろく(男子)は、ニック・コストレスキー(アメリカ)の4びょう11。まずは校ていののぼりぼうでちょうせんしてみてはどうだろうか。

『ギネス世界記録2020』より

©GUINNESS WORLD RECORDS

©GUINNESS WORLD RECORDS

女子のさいそく記ろくは、ナタリー・デュラン(アメリカ)の7びょう67。こちらもスゴイ!!

ギネス世界記録は

4びょう11

ルービックキューブ

ルービックキューブをといた せかいーはやい時間

©GUINNESS WORLD RECORDS

3びょう47!

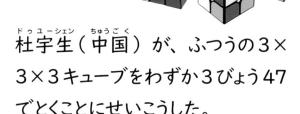

杜宇生（中国）が、ふつうの3×3×3キューブをわずか3びょう47でとくことにせいこうした。

『ギネス世界記録2020』より

ジャグリングしながら ルービックキューブをといちゃった!

5分2びょう43!

ふつうにとくだけでもむずかしいルービックキューブ。3このルービックキューブをジャグリングしながらといたのが、中国の闞剣宇。その記ろくはなんと5分2びょう43だった。

『ギネス世界記録2020』より

©GUINNESS WORLD RECORDS

6×6×6のルービックキューブをといたせかい一はやい時間

WCA（World Cube Association）アジア選手権で、マックス・パーク（アメリカ）が6×6×6のルービックキューブをわずか1分13びょう82でといた。

『ギネス世界記録2020』より

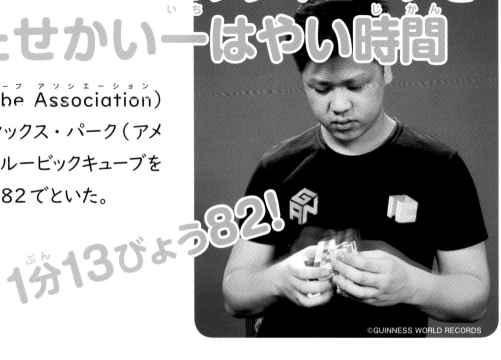

1分13びょう82！

©GUINNESS WORLD RECORDS

4×4×4のルービックキューブを目かくししてといたせかい一はやい時間

©GUINNESS WORLD RECORDS

1分29びょう！

スタンレー・チャペル（アメリカ）が、WCAキュービングUSAグレートレイクス選手権において、目かくしして4×4×4ルービックキューブを1分29びょうでといた。

『ギネス世界記録2020』より

21

やってみよう! ②
〜さいそく記ろくにちょうせん!〜

TRY!!

M&M's30こを
はしでせいれつさせてみよう!

M&M's は、カラフルなさとうでコーティングされたチョコレートがし。ひょうめんがつるつるしているので、はしでつかむのはそうぞうい上にむずかしいぞ!

『ギネス世界記録2017』より

ギネス世界記録は

31びょう5

TRY!!

サッカーボールを頭にのせて 100mを走ってみよう！

小学2年生の100m走のへいきん記ろくは、男子20びょう90／女子21びょう38だが、このちょうせんは「頭にサッカーボールをのせて走る」というじょうけんつき！ みんなは何びょうで走れるかな!?

『ギネス世界記録2017』より

ギネス
世界記録は **18びょう53**

TRY!!

ジェンガで30だんのタワーをつみ上げてみよう！(2人組)

ジェンガは、組み上げたブロックタワーから1つのブロックをぬきとり、それを上につむというゲームだが、このちょうせんは、2人組でジェンガを30だんつみ上げるというもの。みんなできょうそうしてみよう！

『ギネス世界記録2017』より

ギネス世界記録は

2分51びょう04

日本の記ろく

よい子のみんなは
マネしないでね

せかいさい強の"早食い王"小林尊

21才のときから強力な"早食いファイター"として活やくしてきた小林尊（日本）。食べながら体をよじる「小林シェイク」とよばれるどくとくの食べ方で、食べものをいにながしこんでいく。

©GUINNESS
WORLD RECORDS

❶3分間に食べたホットドッグのせかい一多い数

小林尊をせかい中でゆう名にしたのが「ホットドッグの早食い」。なんと3分間で6本ものホットドッグを食べて記ろくをたっせいした。

『ギネス世界記録2016』より

❷ 3分間に食べた ハンバーガーのせかい一多い数

©GUINNESS WORLD RECORDS

3分間で12こ！

小林尊は、ハンバーガーの早食いでも王じゃにかがやいた。3分間で12こも食べたのだ。1こあたり15びょうというおどろきのスピードだ。

『ギネス世界記録2018』より

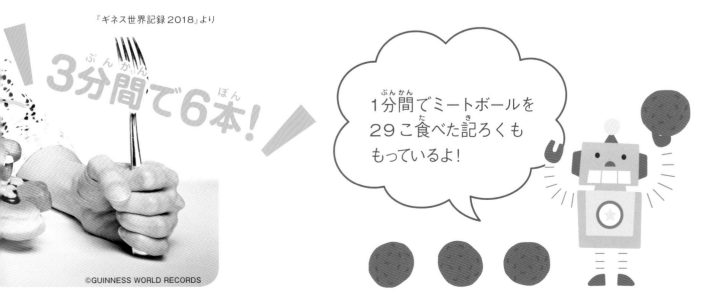

3分間で6本！

©GUINNESS WORLD RECORDS

1分間でミートボールを29こ食べた記ろくももっているよ！

おもしろ記<ruby>き</ruby>ろく

©GUINNESS WORLD RECORDS

太<ruby>ふと</ruby>ももで スイカ3こを はかいした せかい一はやい時間<ruby>じかん</ruby>

オルガ・リーシュチュク（ウクライナ）は、スイカ3こを太<ruby>ふと</ruby>ももにはさんで14びょう65でわった。

『ギネス世界記録2016』より

彼女<ruby>かのじょ</ruby>のゆめは せかい一強<ruby>いちつよ</ruby>い 女<ruby>おんな</ruby>の人<ruby>ひと</ruby>になること なんだって！

14びょう65！

水風船20こを足でわる
せかいーはやい時間

©GUINNESS WORLD RECORDS

ファラン・アユブ（パキスタン）は、水風船20こを足でふみつけてわる記ろくのもちぬしだ。その記ろくは、前の記ろくよりやく3びょうはやい2びょう75だった。

『ギネス世界記録2020』より

2びょう75!

オレンジ1こを目かくしして
かわをむいて食べる
せかいーはやい時間

ディネッシュとマニッシュ・ウパディヤヤ（ともにインド）は、目かくしでオレンジ1こを17びょう15で食べた。マニッシュがかわをむいて、ディネッシュが食べた。

『ギネス世界記録2016』より

17びょう15!

©GUINNESS WORLD RECORDS

"さいそくの100m" をあつめたよ！

スラックライン上でさいそく

ルーカス・ミリアード（フランス）は、長さ100mの
スラックライン※1 を１分59びょう73でわたった。

『ギネス世界記録2018』より

ギネス世界記録は

1分59びょう73

©GUINNESS WORLD RECORDS

イスにすわってさいそく

アンドレ・オートルフ（ドイツ）は、タイヤがついてい
るいすにすわって100mを31びょう92で走った。

『ギネス世界記録2018』より

ギネス世界記録は

31びょう92

©GUINNESS WORLD RECORDS

28

四本足でさいそく

いとうけんいち（日本）が四本足で100mを15びょう71で走った。やく10年かけて、アフリカのパタスモンキーのうごきをもとにしたどくとくの走り方をかいはつしたのだとか。

『ギネス世界記録2018』より

©GUINNESS WORLD RECORDS

ほかにもこんな"さいそくの100m"があるよ!

- 竹馬でさいそく：**11びょう86**
- ハイヒールでさいそく：**13びょう557**
- おしり歩きでさいそく：**11びょう59**

※1 細いベルト状のラインの上で歩いたり飛んだりする、綱渡りのようなスポーツのこと。バランス感覚や集中力などを鍛えることができる。

さくいん

ギネス世界記録®へ挑戦するための 7つのSTEP

誰でもギネス世界記録へ挑戦できるということをご存知ですか？ 本書に掲載したさまざまな世界記録に子どもたちが興味を持ったら、ぜひ挑戦してみましょう！
ギネス世界記録への申請は以下の7ステップで完了します。公式サイトの詳細も合わせてご確認ください。

STEP1 ウェブサイトにアクセス

挑戦したい記録が決まったら、ギネス世界記録の公式サイト内「記録挑戦の申請をする」のページにアクセスします。

https://www.guinnessworldrecords.jp/records/apply-to-set-or-break-a-record/

※実際に記録に挑戦するのは STEP6の申請が完了してガイドラインが届いてから！

STEP2 挑戦方法を決めて「申請」をクリック

「個人」か「法人（組織・団体）」を選びます。

※ここでは、オンラインで申請＆証拠物の提出が可能な「個人向け通常申請」を選択した場合を例に進めます

STEP3 ギネスワールドレコーズ・アカウントを作成する

「アカウント作成」を選択して登録に必要な情報を入力し、アカウント作成を完了させます。

STEP4 申請したい記録を検索してクリック

アカウント作成が完了したら、申請したい過去の記録を検索します。検索は英語（英単語の組み合わせ）のみ使用可能です。 検索結果に目的の記録が見つかったら選択して「申請する」をクリック。

※このとき、「記録を見る」をクリックすると現時点で登録されている記録を確認することができます

STEP5 申請に必要な質問に回答する

スポンサーの有無や、この記録が町おこしのプロモーションに生かされるかなど、いくつかの質問に回答します。

STEP6 申請内容の詳細を記入し、申請が完了！

申請者の情報や記録挑戦の場所・詳細を入力します。
申請における契約書が表示されるので確認して進み、申請を完了させます。

STEP7 ガイドラインに沿って、いざ記録に挑戦！

申請完了から約3か月後に審査のためのガイドラインが送られてくるので、ガイドラインに沿って記録に挑戦し、必要書類と証拠物を送付します。 これで審査が開始されます！

ジュニア版

おもしろびっくり！
ギネス世界記録®
① 世界一はやい

• •

2020年2月25日　初版第1刷発行

　編　　株式会社角川アスキー総合研究所

発行人　加瀬典子

発　行　株式会社角川アスキー総合研究所
　　　　〒113-0024
　　　　東京都文京区西方1-17-8　KSビル2F

発　売　株式会社汐文社
　　　　〒102-0071
　　　　東京都千代田区富士見1-6-1　富士見ビル1F
　　　　電話：03-6862-5200（営業）
　　　　ファックス：03-6862-5202

印　刷　新星社西川印刷株式会社

製　本　東京美術紙工協業組合

乱丁・落丁本はお取り替えいたします。
ご意見・ご感想は read@choubunsya.com までお送りください。
NDC 030
ISBN978-4-8113-2683-2　C8301

• •

［ 装丁・デザイン ］　三浦理恵
［　編　　集　 ］　三浦良恵
［ 制 作 協 力 ］　黒川チエコ（opon）